Learn About Swedish While Learning...

Swedish

1

Foreword

Welcome to a journey that threads two compelling paths. This book is more than just an exploration of the enchanting realm of Sweden; it's also your gateway to the melodic language of Swedish.

Sweden, with its rich history, vast landscapes, and unique traditions, is a treasure trove of tales waiting to be told. Yet, many of these stories remain untouched, unfamiliar to many outside its borders. Within these pages, you'll uncover 50 of these lesser-known facets of Sweden. They reflect not just the country's heritage but also the spirit of its people.

The structure of this book is meticulously designed to cater to those with an insatiable curiosity about Sweden and a passion for language learning. With English on the left and its Swedish counterpart on the right, each spread becomes a holistic learning experience. Not only will you delve into the heart of Sweden, but you'll also simultaneously immerse yourself in the rhythmic dance of the Swedish language.

For the best experience, let your curiosity guide you. Engage with both languages. Read aloud, listen to yourself, and let the sounds resonate. Allow the stories of Sweden to transport you, and let Swedish find its way into your heart.

May this dual journey enrich your mind and spirit. Welcome to Sweden, and welcome to the Swedish language.

Table of Contents

Fika Time

In Sweden, there is a special time called "Fika Time."
What is it? It's a break for coffee and cake. People love
it! They take a break from work or whatever they are
doing. They sit with friends or family and have coffee.
They also eat cake or cookies. Yummy!

Fika Time is not just about food. It is about relaxing and
talking. You can share stories and laugh. It's a way to
take a break and feel good.

Why is it special? In Sweden, this time is like a tradition.
Everyone does it, young and old. Some people have Fika
Time every day!

If you visit Sweden, you must try Fika Time. It's a sweet
moment you will love. You will feel like a true Swede!

Fika-tid

I Sverige finns det en speciell tid som kallas "Fika-tid."
Vad är det? Det är en paus för kaffe och kaka. Folk
älskar det! De tar en paus från arbete eller vad de nu
gör. De sitter med vänner eller familj och dricker kaffe.
De äter också kaka eller kakor. Mums!

Fika-tid handlar inte bara om mat. Det handlar om att
koppla av och prata. Du kan dela historier och skratta.
Det är ett sätt att ta en paus och må bra.

Varför är det speciellt? I Sverige är denna tid som en
tradition. Alla gör det, unga som gamla. Vissa
människor har Fika-tid varje dag!

Om du besöker Sverige måste du prova Fika-tid. Det är
ett sött ögonblick som du kommer att älska. Du kommer
att känna dig som en äkta svensk!

Right to Roam

In Sweden, there is a special rule called "Right to Roam." What does it mean? It means you can walk, bike, or camp in many places. Even on land that someone owns!

You don't need to ask. Just be careful and respect nature. Don't leave trash, and don't harm plants or animals.

It's a way to enjoy the beautiful Swedish land. Forests, lakes, mountains - they are open for everyone. Young and old, locals and visitors, all can explore.

This rule shows how much Sweden loves nature. And they want everyone to enjoy it.

So, if you go to Sweden, remember this special rule. Explore, have fun, but always be kind to nature.

Allemansrätten

I Sverige finns en speciell regel som kallas "Allemansrätten." Vad betyder det? Det innebär att du kan gå, cykla eller tälta på många ställen. Även på mark som någon äger!

Du behöver inte fråga. Var bara försiktig och respektera naturen. Lämna inte skräp och skada inte växter eller djur.

Det är ett sätt att njuta av det vackra svenska landskapet. Skogar, sjöar, berg - de är öppna för alla. Unga och gamla, lokalbefolkning och besökare, alla kan utforska.

Denna regel visar hur mycket Sverige älskar naturen. Och de vill att alla ska njuta av den.

Så, om du åker till Sverige, kom ihåg denna speciella regel. Utforska, ha kul, men var alltid snäll mot naturen.

Eel Parties

In Sweden, there is a fun tradition. It's called an "Eel Party." What is it? It's a special party where people eat eels!

Many years ago, Swedes started this. Now, it's a fun way to be with friends and family. People come together, laugh, talk, and enjoy eels.

Eels are a kind of fish. They are long and look like snakes. But they taste very good. At these parties, eels are cooked in different ways.

Not all Swedes have eel parties. But many do. It's a special time to remember old traditions and have fun.

If you go to Sweden, maybe you can try an eel. And maybe even join an eel party!

Ålagillen

I Sverige finns det en rolig tradition. Den kallas "Ålagille." Vad är det? Det är en speciell fest där människor äter ål!

För många år sedan började svenskarna med detta. Nu är det ett roligt sätt att vara med vänner och familj. Människor kommer samman, skrattar, pratar och njuter av ål.

Ålar är en sorts fisk. De är långa och ser ut som ormar. Men de smakar mycket bra. På dessa fester lagas ålen på olika sätt.

Inte alla svenskar har ålagillen. Men många gör det. Det är en speciell tid att minnas gamla traditioner och ha kul.

Om du åker till Sverige kan du kanske prova en ål. Och kanske till och med gå med på ett ålagille!

Midsummer

In Sweden, there is a special day in summer. It's called "Midsummer." On this day, Swedes have a big party!

The best part? A big pole with flowers on it. This pole is called a "maypole." People dance around it. They hold hands, laugh, and sing.

There are many flowers everywhere. Some people even put flowers in their hair. It looks very pretty!

Swedes love Midsummer. It's a time for family and friends. They eat good food, play games, and have fun. It's a day to be happy and enjoy the sun.

If you are in Sweden in summer, you must see Midsummer. It's a beautiful Swedish tradition!

Midsommar

I Sverige finns det en speciell dag på sommaren. Den kallas "Midsommar." På den här dagen har svenskarna en stor fest!

Det bästa? En stor stång med blommor på. Denna stång kallas en "midsommarstång." Folk dansar runt den. De håller varandras händer, skrattar och sjunger.

Det finns många blommor överallt. Vissa människor sätter till och med blommor i sitt hår. Det ser mycket fint ut!

Svenskarna älskar Midsommar. Det är en tid för familj och vänner. De äter god mat, leker spel och har kul. Det är en dag att vara glad och njuta av solen.

Om du är i Sverige på sommaren måste du se Midsommar. Det är en vacker svensk tradition!

Ice Hotels

In Sweden, there is something very cool. There are hotels made of ice! Yes, real ice.

Imagine sleeping in a room that is all ice. The walls, the bed, even the chairs are ice! But don't worry, it's not too cold. You get warm blankets and furs to sleep in.

These ice hotels are special. They are built in winter and melt in spring. Every year, they look different. Artists come and make beautiful designs in the ice.

Many people want to try sleeping in an ice room. It's a special adventure. If you visit Sweden in winter, you can see these amazing ice hotels. It's like a dream world of ice!

Is-hotell

I Sverige finns det något mycket coolt. Det finns hotell gjorda av is! Ja, riktig is.

Tänk dig att sova i ett rum som är helt av is. Väggarna, sängen, till och med stolarna är av is! Men oroa dig inte, det är inte för kallt. Du får varma filtar och pälsar att sova i.

Dessa is-hotell är speciella. De byggs på vintern och smälter på våren. Varje år ser de olika ut. Konstnärer kommer och gör vackra designs i isen.

Många människor vill prova att sova i ett isrum. Det är ett speciellt äventyr. Om du besöker Sverige på vintern kan du se dessa fantastiska is-hotell. Det är som en drömvärld av is!

Dalahorses

In Sweden, there are special wooden horses. They come from a place called Dalarna. These horses are called "Dalahorses."

What makes them special? They are colorful! Reds, blues, yellows, and more. Artists paint them with pretty patterns.

For a long time, people in Dalarna made these horses. First, they carved the wood. Then, they painted them. Now, these horses are a symbol of Sweden.

Many people like to buy a Dalahorse as a gift. They show Swedish tradition and art.

If you visit Sweden, you might see these bright, happy horses. They tell a story of the past and of Swedish culture.

Dalahästar

I Sverige finns det speciella trädhästar. De kommer från en plats som heter Dalarna. Dessa hästar kallas "Dalahästar."

Vad gör dem speciella? De är färgglada! Röda, blåa, gula, och fler. Konstnärer målar dem med fina mönster.

Under lång tid gjorde människor i Dalarna dessa hästar. Först skar de träet. Sedan målade de dem. Nu är dessa hästar en symbol för Sverige.

Många tycker om att köpa en Dalahäst som en gåva. De visar svensk tradition och konst.

Om du besöker Sverige kan du se dessa ljusa, glada hästar. De berättar en historia från förr och om svensk kultur.

Longest Bridge

Sweden has a very long bridge. It is called the "Öresund Bridge." This bridge is special because it connects two countries: Sweden and Denmark!

People can drive on this bridge. They go from one country to another. It's like a big road over the water.

The bridge looks strong and long. It goes over the sea. On a sunny day, the bridge and the water look very pretty.

If you are in Sweden or Denmark, you might see or go on this bridge. It is a big work of engineering and brings two countries closer.

Längsta Bron

Sverige har en mycket lång bro. Den kallas "Öresundsbron." Denna bro är speciell eftersom den förbinder två länder: Sverige och Danmark!

Folk kan köra på denna bro. De går från ett land till ett annat. Det är som en stor väg över vattnet.

Bron ser stark och lång ut. Den går över havet. På en solig dag ser bron och vattnet väldigt vackra ut.

Om du är i Sverige eller Danmark kanske du ser eller åker på denna bro. Det är ett stort ingenjörsarbete och för två länder närmare varandra.

Swedish Fish

In Sweden, there is a candy that people love. It is called "Swedish Fish." This candy is not a real fish. It is sweet and chewy!

Swedish Fish are shaped like little fish. They are often red, but can be other colors too. Kids and adults eat them. They are tasty!

You can find Swedish Fish in bags in stores. Many people around the world like them, not just in Sweden. If you try them, you might like them too!

This candy shows that fun shapes can make sweets even better. Next time you see Swedish Fish, remember it's a sweet treat from Sweden!

Svenska Fiskar

I Sverige finns det ett godis som folk älskar. Det kallas "Svenska Fiskar." Detta godis är inte en riktig fisk. Det är sött och segt!

Svenska Fiskar är formade som små fiskar. De är ofta röda, men kan vara andra färger också. Både barn och vuxna äter dem. De är smaskiga!

Du kan hitta Svenska Fiskar i påsar i butiker. Många människor runt om i världen gillar dem, inte bara i Sverige. Om du provar dem kanske du också gillar dem!

Detta godis visar att roliga former kan göra sötsaker ännu bättre. Nästa gång du ser Svenska Fiskar, kom ihåg att det är en söt läckerhet från Sverige!

Northern Lights

In the north of Sweden, there is magic in the sky. It's called the "Northern Lights." When night comes, the sky can change colors. You might see green, pink, and purple lights. They move and dance!

The Northern Lights are beautiful. People come from many places to see them. It's like a big show in the sky!

To see these lights, it needs to be dark and clear. Winter is the best time. If you are in the north, look up at the sky. You might see this wonder!

The Northern Lights make the cold nights special. They are a gift from nature to Sweden.

Norrsken

I norra Sverige finns det magi på himlen. Det kallas "Norrsken." När natten kommer kan himlen ändra färger. Du kan se gröna, rosa och lila ljus. De rör sig och dansar!

Norrskenet är vackert. Folk kommer från många platser för att se dem. Det är som en stor föreställning på himlen!

För att se dessa ljus måste det vara mörkt och klart. Vintern är bästa tiden. Om du är i norr, titta upp på himlen. Du kanske ser detta underverk!

Norrsken gör de kalla nätterna speciella. De är en gåva från naturen till Sverige.

Island of Gotland

Gotland is a special island in Sweden. It's in the Baltic Sea. This island has many old things. You can find old churches and stone buildings here.

People from long ago built them. Today, you can still see and touch them. Gotland is like a big book of history.

Many tourists come to Gotland. They want to see the old places. The island also has beautiful nature. There are beaches, forests, and fields.

If you go to Sweden, don't forget Gotland. It's a place where the past meets the present.

Ön Gotland

Gotland är en speciell ö i Sverige. Den ligger i Östersjön. Denna ö har många gamla saker. Här kan du hitta gamla kyrkor och stenbyggnader.

Folk från länge sedan byggde dem. Idag kan du fortfarande se och röra vid dem. Gotland är som en stor bok om historia.

Många turister kommer till Gotland. De vill se de gamla platserna. Ön har också vacker natur. Det finns stränder, skogar och fält.

Om du åker till Sverige, glöm inte Gotland. Det är en plats där det förflutna möter nuet.

Sauna Boats

In Sweden, there's a special boat. It's not just for traveling. Inside, it has a sauna! Yes, a hot room where you can relax.

Why a sauna on a boat? Sweden is often cold. The water can be icy. After swimming, people can get warm in the sauna. It's very cozy!

People love these sauna boats. They float on the water, enjoying the view. Inside, they feel the heat. It's a perfect mix: cold outside and warm inside.

If you visit Sweden, try a sauna boat. It's a fun way to feel warm in the cold.

Bastubåtar

I Sverige finns det en speciell båt. Den är inte bara för att resa. Inuti har den en bastu! Ja, ett varmt rum där du kan koppla av.

Varför en bastu på en båt? Sverige är ofta kallt. Vattnet kan vara isigt. Efter att ha simmat kan folk bli varma i bastun. Det är mycket mysigt!

Folk älskar dessa bastubåtar. De flyter på vattnet och njuter av utsikten. Inuti känner de värmen. Det är en perfekt blandning: kallt ute och varmt inne.

Om du besöker Sverige, prova en bastubåt. Det är ett roligt sätt att känna sig varm i kylan.

Elk Crossing

In Sweden, drivers have to be careful. Why? Because big animals called elks might be on the road! Elks are large with tall legs and big antlers.

These animals live in the forests. Sometimes, they come out and cross the roads. It can be dangerous for cars and the elks.

There are signs on the roads. These signs show an elk. They tell drivers: "Watch out! Elks might be near."

If you drive in Sweden, always look for these signs. And if you see an elk, slow down. It's better to be safe.

It's special to see an elk. But always be careful!

Älgövergång

I Sverige måste förare vara försiktiga. Varför? Eftersom stora djur som kallas älgar kan vara på vägen! Älgar är stora med långa ben och stora horn.

Dessa djur lever i skogarna. Ibland kommer de ut och korsar vägarna. Det kan vara farligt för bilar och älgarna.

Det finns skyltar på vägarna. Dessa skyltar visar en älg. De säger till förarna: "Se upp! Älgar kan vara nära."

Om du kör i Sverige, titta alltid efter dessa skyltar. Och om du ser en älg, saktar ner. Det är bättre att vara säker.

Det är speciellt att se en älg. Men var alltid försiktig!

Father's Day

Every country has special days. In Sweden, there is a day for dads. It's called Father's Day. But, it's different from many places.

In many countries, Father's Day is in June. But in Sweden? They celebrate in November! On this day, children give gifts to their dads. They say "thank you" and show love.

Families might have a nice meal together. Some children make cards or drawings. It's a happy day for fathers.

If you are in Sweden in November, remember this special day for dads. It's a Swedish way to show love.

Fars dag

Varje land har speciella dagar. I Sverige finns det en dag för pappor. Den kallas Fars dag. Men den är annorlunda än på många andra ställen.

I många länder firas Fars dag i juni. Men i Sverige? De firar i november! På denna dag ger barnen gåvor till sina pappor. De säger "tack" och visar kärlek.

Familjer kan äta en trevlig måltid tillsammans. Vissa barn gör kort eller teckningar. Det är en glad dag för pappor.

Om du är i Sverige i november, kom ihåg denna speciella dag för pappor. Det är ett svenskt sätt att visa kärlek.

Pippi Longstocking

Do you know Pippi Longstocking? She is a famous girl from a Swedish story. Children all over the world love her!

Pippi has red hair and wears funny clothes. She is strong. Very strong! She can lift a horse! Pippi lives in a big house. She has no parents but has many fun adventures.

She has a monkey friend named Mr. Nilsson and a horse too. Pippi is brave and always happy. She makes people laugh.

The story of Pippi Longstocking is written by Astrid Lindgren. She is a famous writer from Sweden. If you read Pippi's story, you will smile and have fun.

Pippi Långstrump

Känner du till Pippi Långstrump? Hon är en känd flicka från en svensk berättelse. Barn över hela världen älskar henne!

Pippi har rött hår och bär roliga kläder. Hon är stark. Mycket stark! Hon kan lyfta en häst! Pippi bor i ett stort hus. Hon har inga föräldrar men har många roliga äventyr.

Hon har en apa vän som heter Herr Nilsson och en häst också. Pippi är modig och alltid glad. Hon får folk att skratta.

Berättelsen om Pippi Långstrump är skriven av Astrid Lindgren. Hon är en känd författare från Sverige. Om du läser Pippis berättelse kommer du att le och ha roligt.

Underground Art

Stockholm, the capital of Sweden, has a special subway. It is like an art gallery! When you go down to the subway stations, you see beautiful art everywhere.

The walls have colorful paintings. There are sculptures too. Some stations look like caves with art. It is amazing!

People from all over the world visit Stockholm to see this underground art. It is not just a place to catch a train. It is a place to see art and be happy.

If you go to Stockholm, don't forget to visit the subway stations. It is a special art adventure!

Konst i Undergrunden

Stockholm, Sveriges huvudstad, har en speciell tunnelbana. Den är som ett konstgalleri! När du går ner till tunnelbanestationerna ser du vacker konst överallt.

Väggarna har färgstarka målningar. Det finns skulpturer också. Vissa stationer ser ut som grottor med konst. Det är fantastiskt!

Människor från hela världen besöker Stockholm för att se denna underjordiska konst. Det är inte bara en plats att ta ett tåg. Det är en plats att se konst och vara glad.

Om du åker till Stockholm, glöm inte att besöka tunnelbanestationerna. Det är ett speciellt konstäventyr!

Ghost Walks

Do you like ghost stories? In Stockholm, there is an old town called "Gamla Stan." This place is very old. Many, many years ago, people lived here.

Now, some say there are ghosts in Gamla Stan. These ghosts have stories. At night, people can go on "ghost walks." A guide tells them the ghost stories. They walk around and hear about old times and ghosts.

It is a little scary, but also fun. Many visitors like these walks. They learn about history and hear spooky tales.

If you visit Stockholm, try a ghost walk in Gamla Stan. It is a special way to see the old town!

Spökvandringar

Gillar du spökhistorier? I Stockholm finns det en gammal stad som kallas "Gamla Stan." Denna plats är mycket gammal. För många, många år sedan bodde människor här.

Nu säger vissa att det finns spöken i Gamla Stan. Dessa spöken har historier. På kvällen kan folk gå på "spökvandringar." En guide berättar spökhistorierna för dem. De går runt och hör om gamla tider och spöken.

Det är lite läskigt, men också roligt. Många besökare gillar dessa vandringar. De lär sig om historia och hör spöklika berättelser.

Om du besöker Stockholm, prova en spökvandring i Gamla Stan. Det är ett speciellt sätt att se den gamla staden!

Tree Hotels

Imagine sleeping in a tree! In Sweden, there are special hotels. They are not on the ground. They are in the trees! These are "tree hotels."

These hotels are in the forest. They are high up in the trees. You can see the forest below you. It's like a big treehouse!

Inside, the rooms are cozy. You can hear birds and see animals. At night, it's very quiet. It's a special way to be close to nature.

Many people come to these tree hotels. They like the adventure. It's different from other hotels.

If you visit Sweden, try sleeping in a tree hotel. It's a fun experience!

Trädhotell

Tänk dig att sova i ett träd! I Sverige finns det speciella hotell. De ligger inte på marken. De ligger i träden! Dessa är "trädhotell."

Dessa hotell ligger i skogen. De är högt upp i träden. Du kan se skogen under dig. Det är som ett stort trädkoja!

Inuti är rummen mysiga. Du kan höra fåglar och se djur. På natten är det mycket tyst. Det är ett speciellt sätt att vara nära naturen.

Många människor kommer till dessa trädhotell. De gillar äventyret. Det är annorlunda från andra hotell.

Om du besöker Sverige, prova att sova i ett trädhotell. Det är en rolig upplevelse!

World's First Icebreaker

Did you know? The very first ship made to break ice was from Sweden! It's called an "icebreaker."

Icebreakers are strong ships. They have powerful fronts. These ships can push through thick ice. This helps other ships to sail in icy waters.

Sweden has cold winters. There is a lot of ice in the sea. So, Sweden needed a ship like this. The icebreaker helps boats and ships to move in winter.

This special ship is important. Without it, many ships could not travel in cold places.

The next time you hear about an icebreaker, remember: it started in Sweden!

Världens Första Isbrytare

Visste du? Det allra första skeppet som gjordes för att bryta is kom från Sverige! Den kallas en "isbrytare."

Isbrytare är starka skepp. De har kraftiga fronter. Dessa skepp kan trycka genom tjock is. Detta hjälper andra skepp att segla i isiga vatten.

Sverige har kalla vintrar. Det finns mycket is i havet. Så, Sverige behövde ett skepp som detta. Isbrytaren hjälper båtar och skepp att röra sig på vintern.

Detta speciella skepp är viktigt. Utan det skulle många skepp inte kunna resa i kalla platser.

Nästa gång du hör om en isbrytare, kom ihåg: det började i Sverige!

Walpurgis Night

Walpurgis Night is special in Sweden. It's a night to say hello to spring. On this night, people come together outside.

What do they do? They light big fires! These fires are bright and warm. They push away the cold of winter.

People stand around the fires. They sing songs and feel happy. The fires remind them that warmer days are coming.

Walpurgis Night is not just about fire. It's about hope. It's about waiting for flowers, green trees, and sunny days.

So, if you're in Sweden on this night, join the fun. Stand by the fire and welcome spring!

Valborgsmässoafton

Valborgsmässoafton är speciell i Sverige. Det är en natt för att hälsa våren välkommen. På denna natt samlas folk utomhus.

Vad gör de? De tänder stora eldar! Dessa eldar är ljusa och varma. De skjuter bort vinterns kyla.

Folk står runt eldarna. De sjunger sånger och känner sig glada. Eldarna påminner dem om att varmare dagar kommer.

Valborgsmässoafton handlar inte bara om eld. Det handlar om hopp. Det handlar om att vänta på blommor, gröna träd och soliga dagar.

Så, om du är i Sverige på denna natt, var med och ha kul. Stå vid elden och hälsa våren välkommen!

Long Days and Nights

Sweden has a special thing. In summer, up in the north, the sun doesn't go away. It's bright even at midnight! This is called the "Midnight Sun."

But in winter, it's different. In the north, the sun hides. Days are very, very short. Sometimes, the sun doesn't come up at all! It's dark, like a long night.

This happens because Sweden is so far north. The way the Earth moves makes these long days and nights.

People in Sweden are used to this. They enjoy the bright summer nights. In winter, they light candles and lamps to make things cozy.

So, if you visit Sweden, remember this. In summer, you might see the sun at night. In winter, you might need some extra light!

Långa Dagar och Nätter

Sverige har något speciellt. På sommaren, uppe i norr, går solen inte ner. Det är ljust även vid midnatt! Detta kallas "Midnattssol."

Men på vintern är det annorlunda. I norr gömmer sig solen. Dagarna är väldigt, väldigt korta. Ibland kommer solen inte upp alls! Det är mörkt, som en lång natt.

Detta händer eftersom Sverige ligger så långt norrut. Jordens rörelse skapar dessa långa dagar och nätter.

Folk i Sverige är vana vid detta. De njuter av de ljusa sommarnätterna. På vintern tänder de ljus och lampor för att göra det mysigt.

Så, om du besöker Sverige, kom ihåg detta. På sommaren kan du se solen på natten. På vintern kan du behöva lite extra ljus!

Surströmming

In Sweden, there is a special fish food called "Surströmming." It is very, very smelly! When you open the can, the smell is very strong. Some people say it's the smelliest food in the world!

But why do Swedes eat it? Because many love the taste! It's a tradition. Families come together to eat Surströmming with bread, potatoes, and onions.

It's true, not everyone likes it. Some people don't like the smell. But others think it's a special treat.

If you visit Sweden, you might want to try it. Be brave! Maybe you will like Surströmming too!

Surströmming

I Sverige finns det en speciell fiskmat som kallas
"Surströmming." Den luktar väldigt, väldigt mycket! När
du öppnar burken är lukten väldigt stark. Vissa säger
att det är den luktar mest i hela världen!

Men varför äter svenskar den? Eftersom många älskar
smaken! Det är en tradition. Familjer samlas för att äta
Surströmming med bröd, potatis och lök.

Det är sant, inte alla tycker om det. Vissa tycker inte om
lukten. Men andra tycker att det är en speciell
delikatess.

Om du besöker Sverige kan du prova. Var modig!
Kanske tycker du också om Surströmming!

Viking Runes

Long ago, the Vikings lived in Sweden. They didn't write like we do now. They used special letters called "runes."

Runes are not just letters. They are symbols too. Each rune has a meaning. Some might be for protection, love, or power.

People carved runes on stones, metal, and wood. You can still see these old stones in Sweden today. They are called "rune stones."

These stones tell stories. Stories about Viking heroes, travels, and battles.

Runes are a big part of Swedish history. They show how Vikings lived and what they believed.

If you visit Sweden, look for these stones. They are like windows to the past!

Vikingarunor

För länge sedan levde vikingarna i Sverige. De skrev inte som vi gör nu. De använde speciella bokstäver som kallas "runor."

Runor är inte bara bokstäver. De är symboler också. Varje runa har en betydelse. Vissa kan vara för skydd, kärlek eller makt.

Folk ristade runor på stenar, metall och trä. Du kan fortfarande se dessa gamla stenar i Sverige idag. De kallas "runstenar."

Dessa stenar berättar historier. Historier om vikingahjältar, resor och strider.

Runor är en stor del av svensk historia. De visar hur vikingarna levde och vad de trodde på.

Om du besöker Sverige, leta efter dessa stenar. De är som fönster till det förflutna!

Moose Safari

In Sweden, there is a big animal called a moose. It's very tall with large antlers. People come from all over the world to see it!

But where can you find a moose? In the forest? Yes, but there's a special way. It's called a "Moose Safari."

On a Moose Safari, guides take you on a tour. They know where moose like to go. With them, you have a good chance to see this big animal.

People ride in cars or buses. They look out of the windows. Everyone is quiet and excited. They hope to see a moose!

Seeing a moose in the wild is special. It's a memory you won't forget.

If you visit Sweden, try a Moose Safari. It's a fun adventure!

Älg Safari

I Sverige finns det ett stort djur som kallas älg. Det är mycket högt med stora horn. Folk kommer från hela världen för att se den!

Men var kan man hitta en älg? I skogen? Ja, men det finns ett speciellt sätt. Det kallas "Älg Safari."

På en Älg Safari tar guider dig på en tur. De vet var älgar tycker om att gå. Med dem har du en bra chans att se detta stora djur.

Folk åker i bilar eller bussar. De tittar ut genom fönstren. Alla är tysta och spända. De hoppas se en älg!

Att se en älg i det vilda är speciellt. Det är ett minne du inte kommer att glömma.

Om du besöker Sverige, prova en Älg Safari. Det är ett roligt äventyr!

Samis

In the north of Sweden, there are special people called the Samis. They have lived there for a very long time, even before most other people came. They are the native people of this area.

The Samis have their own language, clothes, and traditions. Many years ago, they lived in tents called "kåta." They also have reindeer. The Samis take care of the reindeer and move with them to find food.

In winter, the Samis wear warm clothes made from reindeer skin. Their clothes have bright colors and special designs.

Today, many Samis live like other Swedes. But they still remember and celebrate their traditions.

If you visit northern Sweden, you might meet Samis and learn about their special culture.

Samer

I norra Sverige finns det speciella människor som kallas samer. De har bott där mycket länge, även innan de flesta andra människorna kom. De är områdets ursprungsbefolkning.

Samer har sitt eget språk, kläder och traditioner. För många år sedan bodde de i tält som kallas "kåta". De har också renar. Samerna tar hand om renarna och flyttar med dem för att hitta mat.

På vintern bär samerna varma kläder gjorda av renskinn. Deras kläder har ljusa färger och speciella mönster.

Idag bor många samer som andra svenskar. Men de kommer fortfarande ihåg och firar sina traditioner.

Om du besöker norra Sverige kanske du träffar samer och lär dig om deras speciella kultur.

Crayfish Parties

In Sweden, there's a fun tradition in August. It's called a crayfish party! People come together to eat crayfish, a small water animal that looks like a tiny lobster.

For this party, tables are decorated with lanterns, and everyone wears funny hats. The crayfish are boiled in water with lots of salt and dill. They turn red and look very tasty!

People eat them outside in the evening. They sing songs, drink, and laugh a lot. It's a happy time with friends and family.

Why in August? Long ago, Swedes could only fish crayfish in August. So, they made a special party for it!

If you're in Sweden in August, try to join a crayfish party. It's lots of fun!

Kräftskivor

I Sverige finns det en rolig tradition i augusti. Den kallas för kräftskiva! Människor samlas för att äta kräftor, ett litet vattendjur som ser ut som en liten hummer.

Till denna fest dekoreras borden med lyktor, och alla bär roliga hattar. Kräftorna kokas i vatten med mycket salt och dill. De blir röda och ser mycket smaskiga ut!

Människor äter dem ute på kvällen. De sjunger sånger, dricker och skrattar mycket. Det är en glad tid med vänner och familj.

Varför i augusti? För länge sedan fick svenskar bara fiska kräftor i augusti. Så, de gjorde en speciell fest för det!

Om du är i Sverige i augusti, försök att gå med i en kräftskiva. Det är jättekul!

Gingerbread Houses

Christmas in Sweden has a sweet tradition. People make gingerbread houses! These houses are not to live in. They are to eat!

The houses are made from gingerbread cookies. They are decorated with candy and icing. Some look like small homes. Others look like big castles.

Families often make them together. Children, parents, and grandparents sit around a table. They put together the cookie walls and roofs. Then, they decorate with candy.

Making a gingerbread house is fun. And eating it is even better! It's a tasty way to enjoy Christmas with family.

If you're in Sweden at Christmas, try making a gingerbread house. It's sweet fun!

Pepparkakshus

Jul i Sverige har en söt tradition. Folk gör pepparkakshus! Dessa hus är inte för att bo i. De är för att äta!

Husen görs av pepparkakor. De dekoreras med godis och glasyr. Vissa ser ut som små hem. Andra ser ut som stora slott.

Familjer gör ofta dem tillsammans. Barn, föräldrar och mor- och farföräldrar sitter runt ett bord. De sätter ihop kakväggarna och taken. Sedan dekorerar de med godis.

Att göra ett pepparkakshus är kul. Och att äta det är ännu bättre! Det är ett smaskigt sätt att njuta av julen med familjen.

Om du är i Sverige vid jul, prova att göra ett pepparkakshus. Det är söt kul!

Kanelbulle

In Sweden, there's a sweet treat everyone loves. It's called "kanelbulle." In English, we might say "cinnamon bun."

The kanelbulle is soft bread with cinnamon inside. It's rolled up and baked. When it's done, it's golden brown outside and soft inside. Some kanelbullar (that's the plural!) have sugar on top. It makes them extra sweet.

People in Sweden often eat kanelbulle with coffee. This special coffee time is called "fika." So, if you're in Sweden, don't miss a "fika" with kanelbulle. It's very yummy!

Kanelbulle

I Sverige finns det ett sött godis som alla älskar. Det kallas "kanelbulle."

Kanelbullen är mjukt bröd med kanel inuti. Den rullas upp och gräddas. När den är klar är den gyllene brun utanpå och mjuk inuti. Vissa kanelbullar har socker på toppen. Det gör dem extra söta.

Folk i Sverige äter ofta kanelbulle med kaffe. Denna speciella kaffetid kallas "fika." Så, om du är i Sverige, missa inte en "fika" med kanelbulle. Det är mycket gott!

Kingdom of Crystal

There's a special place in Sweden called the "Kingdom of Crystal." What is it? It's an area with many glass factories. These factories make beautiful glass things. They make cups, bowls, and art pieces.

People can watch workers make the glass. It's amazing! The workers use hot fire and melt sand. Then, they shape the hot glass. In the end, it becomes a beautiful object.

Many visitors go to the Kingdom of Crystal. They watch, learn, and buy glass gifts. If you visit Sweden, this place is a must-see. It shows the magic of making glass!

Glasriket

Det finns en speciell plats i Sverige som kallas "Glasriket." Vad är det? Det är ett område med många glasbruk. Dessa fabriker tillverkar vackra glassaker. De gör koppar, skålar och konstverk.

Folk kan titta på när arbetarna gör glaset. Det är fantastiskt! Arbetarna använder het eld och smälter sand. Sedan formar de det heta glaset. I slutändan blir det ett vackert föremål.

Många besökare åker till Glasriket. De tittar, lär sig, och köper glaspresenter. Om du besöker Sverige är denna plats ett måste. Den visar magin med att göra glas!

Lingonberries

Do you know lingonberries? They are small red berries. In Sweden, people love them! Lingonberries grow in the wild forests. They are very tasty.

Swedes use lingonberries in many ways. They put them on pancakes, meat, and more. They also make lingonberry jam. This jam is sweet and a bit sour.

If you eat food in Sweden, you might see lingonberries. They give a special flavor to the meal. Many Swedes think a meal is better with lingonberries!

Next time you try Swedish food, look for these red berries. They are a real treat!

Lingon

Känner du till lingon? De är små röda bär. I Sverige älskar folk dem! Lingon växer i de vilda skogarna. De är mycket goda.

Svenskar använder lingon på många sätt. De lägger dem på pannkakor, kött och mer. De gör också lingonsylt. Denna sylt är söt och lite sur.

Om du äter mat i Sverige kan du se lingon. De ger en speciell smak till måltiden. Många svenskar tycker att en måltid är bättre med lingon!

Nästa gång du provar svensk mat, leta efter dessa röda bär. De är en riktig läckerhet!

Public Libraries

Do you love reading? In Sweden, they do too! A long time ago, Sweden had one of the first public libraries in the world. This means a place where everyone can read books for free.

Public libraries are very important. They help people learn and find new stories. In Sweden, they believed that everyone should read. So, they made a special place for it.

Today, there are many libraries in Sweden. People go there to read, study, and listen to stories. If you visit Sweden, try to see a library. You will feel the love for books!

Offentliga Bibliotek

Älskar du att läsa? I Sverige gör de det också! För länge sedan hade Sverige ett av de första offentliga biblioteken i världen. Detta betyder en plats där alla kan läsa böcker gratis.

Offentliga bibliotek är mycket viktiga. De hjälper människor att lära sig och hitta nya berättelser. I Sverige trodde de att alla borde läsa. Så, de gjorde en speciell plats för det.

Idag finns det många bibliotek i Sverige. Folk går dit för att läsa, studera och lyssna på berättelser. Om du besöker Sverige, försök att se ett bibliotek. Du kommer att känna kärleken till böcker!

St. Lucia's Day

In December, Sweden has a special day. It's called St. Lucia's Day. On this day, people celebrate with songs and candles. It is very beautiful.

Early in the morning, girls wear white dresses. They put candles on their heads. These girls are called "Lucia." They sing lovely songs. Boys join too. They wear funny hats and sing.

This day brings light in winter. Swedish people enjoy St. Lucia's Day with family and friends. It is a time of joy and warmth. If you are in Sweden on this day, you will feel the magic!

Sankta Lucias dag

I december har Sverige en speciell dag. Den kallas Sankta Lucias dag. På denna dag firar folk med sånger och ljus. Det är mycket vackert.

Tidigt på morgonen bär flickor vita klänningar. De sätter ljus på sina huvuden. Dessa flickor kallas "Lucia." De sjunger vackra sånger. Pojkar är med också. De bär roliga hattar och sjunger.

Denna dag för med sig ljus i vinter. Svenska folket njuter av Sankta Lucias dag med familj och vänner. Det är en tid av glädje och värme. Om du är i Sverige på denna dag kommer du att känna magin!

The Pacemaker

Do you know about the pacemaker? It's a small device for the heart. If someone's heart is not beating right, the pacemaker helps. It makes the heart beat in a good way.

The pacemaker is very special. And guess what? It was invented in Sweden! A smart doctor in Sweden thought of it. Now, many people around the world use it. It saves lives.

Because of the pacemaker, people with heart problems can live longer. They can play, work, and have fun. Sweden has given a big gift to the world!

Pacemakern

Vet du om pacemakern? Det är en liten apparat för hjärtat. Om någons hjärta inte slår rätt hjälper pacemakern. Den får hjärtat att slå på ett bra sätt.

Pacemakern är väldigt speciell. Och gissa vad? Den uppfanns i Sverige! En smart läkare i Sverige tänkte på den. Nu använder många människor den runt om i världen. Den räddar liv.

Tack vare pacemakern kan människor med hjärtproblem leva längre. De kan leka, arbeta och ha kul. Sverige har gett en stor gåva till världen!

Recycling

In Sweden, people care about the Earth. They don't want to waste things. So, what do they do? They recycle a lot!

Bottles, cans, paper, and more: in Sweden, they don't just throw them away. They put them in special bins. Later, these things get a new life. A bottle might become a new bottle. Or a can could be used again.

Sweden is very good at this. In fact, they are one of the best countries at recycling. It's like a game for them. They want to see how much they can save!

Recycling helps the Earth. It means less trash and more clean nature. So, thank you, Sweden, for taking care of our planet!

Återvinning

I Sverige bryr sig människor om Jorden. De vill inte slösa på saker. Så, vad gör de? De återvinner mycket!

Flaskor, burkar, papper och mer: i Sverige kastar de inte bara dem. De lägger dem i speciella lådor. Senare får dessa saker ett nytt liv. En flaska kan bli en ny flaska. Eller en burk kan användas igen.

Sverige är mycket bra på detta. Faktum är att de är ett av de bästa länderna på återvinning. Det är som ett spel för dem. De vill se hur mycket de kan spara!

Återvinning hjälper Jorden. Det betyder mindre skräp och mer ren natur. Så, tack Sverige, för att du tar hand om vår planet!

The Ice Hotel

Imagine a hotel made of ice and snow. Sounds magical, right? In Sweden, this is real! Every winter, people build a special hotel. They call it "The Ice Hotel."

This hotel is not like others. The walls, the beds, even the chairs: all made of ice! It's very cold inside, but don't worry. People sleep in warm sleeping bags. And they wear warm clothes.

Visitors come from all over the world. They want to see this ice wonder. It's like living in a fairy tale! But, when spring comes, the hotel melts. Then, next winter, they build it again.

It's a special place. Only in Sweden can you find such a magical ice world!

Is Hotellet

Föreställ dig ett hotell gjort av is och snö. Låter magiskt, eller hur? I Sverige är detta verklighet! Varje vinter bygger människor ett speciellt hotell. De kallar det "Is Hotellet."

Detta hotell är inte som andra. Väggarna, sängarna, till och med stolarna: allt gjort av is! Det är mycket kallt inuti, men oroa dig inte. Folk sover i varma sovsäckar. Och de bär varma kläder.

Besökare kommer från hela världen. De vill se detta isunder. Det är som att leva i en saga! Men när våren kommer smälter hotellet. Sedan, nästa vinter, bygger de det igen.

Det är en speciell plats. Endast i Sverige kan du hitta en sådan magisk isvärld!

Mora Clocks

Do you know about Mora clocks? They are special clocks from Sweden. These clocks come from a place called Mora. That's why they have this name!

These clocks are tall and made of wood. They have pretty paintings on them. Long ago, people in Mora made these clocks by hand. Now, they are very famous. People love them because they are old and beautiful.

If you see a Mora clock, you can tell it's from Sweden. It shows the Swedish style and history. Many homes in Sweden have a Mora clock. They remind people of old times.

It's not just a clock. It's a piece of art from Sweden!

Moraklockor

Vet du om Moraklockor? De är speciella klockor från Sverige. Dessa klockor kommer från en plats som heter Mora. Det är därför de har detta namn!

Dessa klockor är höga och gjorda av trä. De har fina målningar på dem. För länge sedan gjorde människor i Mora dessa klockor för hand. Nu är de mycket kända. Folk älskar dem eftersom de är gamla och vackra.

Om du ser en Moraklocka kan du säga att den är från Sverige. Den visar den svenska stilen och historien. Många hem i Sverige har en Moraklocka. De påminner folk om gamla tider.

Det är inte bara en klocka. Det är ett konstverk från Sverige!

Vasa Ship

In Stockholm, there's a big ship called the Vasa Ship. It's very old! This ship is inside a museum. People come to see it from many places.

The Vasa Ship sank a long time ago, on its first trip! Later, people found it in the water and brought it up. Now, it's dry and safe in the museum.

The ship is very big and has many carvings. When you see it, you can think about the old days and how people sailed. The museum tells its story.

If you go to Stockholm, visit the Vasa Museum. You can see the big ship and learn a lot!

Vasaskeppet

I Stockholm finns det ett stort skepp som heter Vasaskeppet. Det är mycket gammalt! Detta skepp finns inuti ett museum. Folk kommer för att se det från många ställen.

Vasaskeppet sjönk för länge sedan, på sin första resa! Senare hittade folk det i vattnet och tog upp det. Nu är det torrt och säkert i museet.

Skeppet är mycket stort och har många sniderier. När du ser det kan du tänka på gamla dagar och hur folk seglade. Museet berättar dess historia.

Om du åker till Stockholm, besök Vasamuseet. Du kan se det stora skeppet och lära dig mycket!

Old Uppsala

In Sweden, there's a place called Old Uppsala. It's very special! This place has big hills and stones. They are from a long time ago.

People think kings are buried in these hills. Long ago, people had big parties and meetings here. They told stories and sang songs.

Today, you can walk around and see the hills. There are signs that tell about the old times. Some stones have carvings. They are like old messages.

Visiting Old Uppsala is like going back in time. You can learn and think about how people lived before.

Gamla Uppsala

I Sverige finns det en plats som heter Gamla Uppsala. Den är väldigt speciell! Denna plats har stora kullar och stenar. De kommer från en lång tid tillbaka.

Folk tror att kungar är begravda i dessa kullar. För länge sedan hade folk stora fester och möten här. De berättade historier och sjöng sånger.

Idag kan du gå runt och se kullarna. Det finns skyltar som berättar om gamla tider. Vissa stenar har ristningar. De är som gamla meddelanden.

Att besöka Gamla Uppsala är som att gå tillbaka i tiden. Du kan lära dig och tänka på hur folk levde förr.

Nobel Prizes

In Sweden, there is a special prize called the Nobel Prize. It's very famous! Smart people from all over the world can win this prize.

They get the prize for good work in science, peace, literature, and more. Every year, there's a big celebration in Stockholm, the capital of Sweden.

People clap and cheer for the winners. They get a medal and money. The prize is named after Alfred Nobel, a man from Sweden.

He wanted to give prizes to people who make the world better. Today, many people dream of winning a Nobel Prize.

Nobelpriset

I Sverige finns det ett speciellt pris som heter
Nobelpriset. Det är mycket känt! Smarta människor från
hela världen kan vinna detta pris.

De får priset för bra arbete inom vetenskap, fred,
litteratur och mer. Varje år finns det en stor fest i
Stockholm, Sveriges huvudstad.

Folk klappar och hejar på vinnarna. De får en medalj
och pengar. Priset är uppkallat efter Alfred Nobel, en
man från Sverige.

Han ville ge priser till människor som gör världen bättre.
Idag drömmer många människor om att vinna ett
Nobelpris.

Allemansrätten

In Sweden, there's a special rule called "Allemansrätten". It means "every man's right". It's a very good rule!

Because of this rule, people can walk, camp, and pick berries anywhere in nature. Even if the land is private, you can go there. But, you must be kind to nature and not harm it.

It's a way for everyone to enjoy the beautiful Swedish outdoors. Forests, lakes, and meadows are open for all to see. Just remember to be respectful!

Allemansrätten

I Sverige finns det en speciell regel som heter "Allemansrätten". Det betyder "var mans rätt". Det är en mycket bra regel!

På grund av denna regel kan människor gå, campa och plocka bär var som helst i naturen. Även om marken är privat kan du gå dit. Men, du måste vara snäll mot naturen och inte skada den.

Det är ett sätt för alla att njuta av den vackra svenska naturen. Skogar, sjöar och ängar är öppna för alla att se. Kom bara ihåg att vara respektfull!

Red Cottages

In Sweden, you might see many red houses. They are called "Red Cottages". These houses are made of wood and painted red. They are very traditional.

Long ago, the red paint was cheap. It also protected the wood. So, many people painted their houses red.

Now, these red cottages are a symbol of Sweden. They are beautiful in the green countryside. When you see one, you know you are in Sweden!

Röda Stugor

I Sverige kan du se många röda hus. De kallas "Röda Stugor". Dessa hus är gjorda av trä och målade röda. De är mycket traditionella.

För länge sedan var röd färg billig. Den skyddade också träet. Så många människor målade sina hus röda.

Nu är dessa röda stugor en symbol för Sverige. De är vackra i den gröna landsbygden. När du ser en vet du att du är i Sverige!

Swedish Tunnbröd

In Sweden, there's a special bread called "Tunnbröd". It means "thin bread". This bread is very thin, like a sheet of paper.

People often roll it. Inside, they put tasty things like meat or fish. It's a yummy snack!

Tunnbröd is old. Swedish people have made it for many years. If you visit Sweden, try some Tunnbröd. You will like it!

Svenskt Tunnbröd

I Sverige finns ett speciellt bröd som kallas "Tunnbröd".
Det betyder "tunt bröd". Detta bröd är mycket tunt, som
ett papper.

Folk rullar det ofta. Inuti lägger de goda saker som kött
eller fisk. Det är ett gott mellanmål!

Tunnbröd är gammalt. Svenska folk har gjort det i
många år. Om du besöker Sverige, prova lite Tunnbröd.
Du kommer att tycka om det!

Swedish Meatballs

In Sweden, people love a food called "Swedish Meatballs". They are small, round balls made from meat. Many people think they are very tasty!

You can find these meatballs in many places in Sweden. They are often with potatoes and a special sauce. Sometimes, there are lingonberries too.

If you eat in a Swedish home or restaurant, you might see these meatballs. Try them! They are a yummy part of Swedish food.

Svenska Köttbullar

I Sverige älskar folk en mat som kallas "Svenska Köttbullar". De är små, runda bollar gjorda av kött. Många tycker att de är mycket goda!

Du kan hitta dessa köttbullar på många ställen i Sverige. De serveras ofta med potatis och en speciell sås. Ibland finns det lingon också.

Om du äter i ett svenskt hem eller restaurang kan du se dessa köttbullar. Prova dem! De är en läcker del av svensk mat.

Dancing Christmas Goat

In Gävle, Sweden, there's a special goat. It's not a real goat, but a big one made of straw. Every Christmas, people build this goat in the town square. It's called the "Gävle Goat."

Many people come to see this big straw goat. It's famous around the world! But, sometimes, naughty people try to burn it. The town hopes the goat stays safe every year.

This Gävle Goat is a fun part of Swedish Christmas. It dances in the hearts of many!

Dansande Julbock

I Gävle, Sverige, finns det en speciell bock. Det är inte en riktig bock, men en stor gjord av halm. Varje jul bygger folk denna bock på torget. Den kallas "Gävlebocken."

Många människor kommer för att se denna stora halmbock. Den är känd över hela världen! Men ibland försöker busiga människor bränna den. Staden hoppas att bocken är säker varje år.

Denna Gävlebock är en rolig del av svensk jul. Den dansar i mångas hjärtan!

Midnight Sun Marathon

In the north of Sweden, the sun doesn't sleep in summer. It shines all night! This is called the "Midnight Sun." Because of this, there's a special race. It's the Midnight Sun Marathon!

People run when it's dark, but the sky is bright. It's a magic time! Runners love this race because it's different. It feels like daytime, but it's night.

This marathon is a special Swedish event. If you like running, try this race under the Midnight Sun!

Midnattssolsmaraton

I norra Sverige sover solen inte på sommaren. Den lyser hela natten! Detta kallas "Midnattssol." På grund av detta finns det ett speciellt lopp. Det är Midnattssolsmaraton!

Människor springer när det är mörkt, men himlen är ljus. Det är en magisk tid! Löpare älskar detta lopp för det är annorlunda. Det känns som dagtid, men det är natt.

Detta maraton är ett speciellt svenskt evenemang. Om du gillar att springa, prova detta lopp under Midnattssolen!

Silver Mines

In a place called Sala in Sweden, there are old mines. They are silver mines. Long ago, people dug here to find silver. This silver was very important for Sweden.

Now, the mines are not used for silver. But people can visit them! It's like a big underground journey. You can see how people worked long ago. It's dark, cool, and very interesting.

If you visit Sweden, go to Sala. The silver mines are a special place to see!

Silvergruvor

I en plats som heter Sala i Sverige finns det gamla gruvor. De är silvergruvor. För länge sedan grävde människor här för att hitta silver. Detta silver var mycket viktigt för Sverige.

Nu används inte gruvorna för silver längre. Men folk kan besöka dem! Det är som en stor underjordisk resa. Du kan se hur människor arbetade för länge sedan. Det är mörkt, svalt, och mycket intressant.

Om du besöker Sverige, åk till Sala. Silvergruvorna är en speciell plats att se!

Swedish Pancakes

In Sweden, they have a special kind of pancake. It's not like big, fluffy pancakes. Swedish pancakes are thin, almost like a crepe.

People love them! They are often eaten with jam, especially lingonberry jam. Some people also add cream or sugar. They are yummy for breakfast or dessert.

If you ever visit Sweden, you must try these pancakes. They are a tasty treat!

Svenska Pannkakor

I Sverige har de en speciell sorts pannkaka. Den är inte som stora, fluffiga pannkakor. Svenska pannkakor är tunna, nästan som en crêpe.

Folk älskar dem! De äts ofta med sylt, särskilt lingonsylt. En del lägger också till grädde eller socker. De är smaskiga till frukost eller dessert.

Om du någonsin besöker Sverige, måste du prova dessa pannkakor. De är en läcker godsak!

Falu Red Paint

In Sweden, many houses are painted red. But it's not just any red. It's a special red called "Falu red".

This paint comes from the copper mines in a place called Falun. The paint is made from the waste of the mines. It's natural and lasts a long time.

People started using it many years ago. Now, it's a big part of Swedish culture. When you see a red wooden house in Sweden, it's often painted with Falu red.

Falu Rödfärg

I Sverige är många hus målade röda. Men det är inte bara något rött. Det är en speciell röd som kallas "Falu rödfärg".

Detta färg kommer från koppargruvorna i en plats som heter Falun. Färgen görs av avfallet från gruvorna. Den är naturlig och håller länge.

Folk började använda den för många år sedan. Nu är det en stor del av svensk kultur. När du ser ett rött trähus i Sverige är det ofta målat med Falu rödfärg.

Island Hopping

In Sweden, there are many small islands. Especially near the coast. A fun thing to do is "island hopping". This means going from one island to another.

People take boats and visit many islands in one day. Each island is different. Some have small villages. Some are just nature.

It's a nice way to see Sweden's beauty. You can relax, swim, or have a picnic. Island hopping is a special Swedish adventure.

Öhoppning

I Sverige finns det många små öar. Särskilt nära kusten.
En rolig sak att göra är "öhoppning". Det betyder att
man går från en ö till en annan.

Folk tar båtar och besöker många öar på en dag. Varje
ö är annorlunda. Vissa har små byar. Vissa är bara
natur.

Det är ett trevligt sätt att se Sveriges skönhet. Du kan
koppla av, simma eller ha en picknick. Öhoppning är ett
speciellt svenskt äventyr.

Bear Watching

In Sweden, there are wild bears in the forests. Some places let you watch these bears. It's very exciting!

People go with guides to stay safe. They sit in special huts. Then, they wait quietly. When lucky, they see a bear walking, playing, or eating.

Bears are beautiful and strong. But, they are wild, so we must be careful. Watching bears is a special way to see Sweden's wild nature.

Björnskådning

I Sverige finns det vilda björnar i skogarna. På vissa ställen kan man se dessa björnar. Det är mycket spännande!

Folk går med guider för att vara säkra. De sitter i speciella kojor. Sedan väntar de tyst. När de har tur, ser de en björn som går, leker eller äter.

Björnar är vackra och starka. Men de är vilda, så vi måste vara försiktiga. Att skåda björnar är ett speciellt sätt att se Sveriges vilda natur.

Swedish Archipelago

The Swedish Archipelago is a special place. It has many small islands near the coast. Some islands have houses and people, but many are empty. The water is clear, and the nature is beautiful. People go there to relax, swim, and enjoy nature. It's a perfect place to see Sweden's beauty. In summer, the sun shines a lot, and boats move between the islands. The Swedish Archipelago is a treasure for everyone to see.

Svenska skärgården

Svenska skärgården är en speciell plats. Den har många små öar nära kusten. Vissa öar har hus och människor, men många är tomma. Vattnet är klart, och naturen är vacker. Folk åker dit för att slappna av, simma och njuta av naturen. Det är en perfekt plats att se Sveriges skönhet. På sommaren skiner solen mycket, och båtar rör sig mellan öarna. Svenska skärgården är en skatt för alla att se.

Help Us Share Your Thoughts!

Dear Reader,

Thank you for choosing to read our book. We hope you enjoyed the journey through its pages and that it left a positive impact on your life. As an independent author, reviews from readers like you are incredibly valuable in helping us reach a wider audience and improve our craft.

If you enjoyed our book, we kindly ask for a moment of your time to leave an honest review. Your feedback can make a world of difference by providing potential readers with insight into the book's content and your personal experience.

Your review doesn't have to be lengthy or complicated—just a few lines expressing your genuine thoughts would be immensely appreciated. We value your feedback and take it to heart, using it to shape our future work and create more content that resonates with readers like you.

By leaving a review, you are not only supporting us as authors but also helping other readers discover this book. Your voice matters, and your words have the power to inspire others to embark on this literary journey.

We genuinely appreciate your time and willingness to share your thoughts. Thank you for being an essential part of our author journey.

Printed in Great Britain
by Amazon

58953141R00059